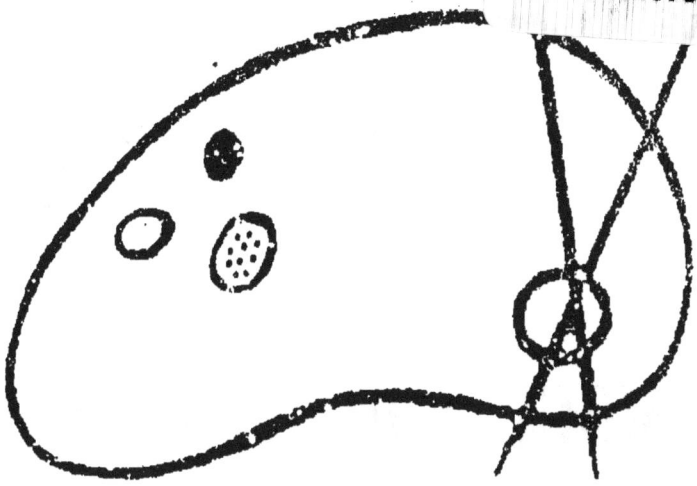

Couvertures supérieure et inférieure
en couleur

BIBLIOTHÈQUE DES ÉCOLES CHRÉTIENNES

# LE
# MOULIN DE L'AVEUGLE

OU

## LES MIRACLES DE LA CÉCITÉ

PAR

## JUST GIRARD

TOURS

Ad MAME ET Cie, IMPRIMEURS-LIBRAIRES

# BIBLIOTHÈQUE

DE LA

# JEUNESSE CHRÉTIENNE

APPROUVÉE

## PAR Mgr L'ARCHEVÊQUE DE TOURS

—

2e SÉRIE IN-18

Le Moulin de l'aveugle.                    1

PROPRIÉTÉ DES ÉDITEURS

GIRARDET                                    PANN

# LE
# MOULIN DE L'AVEUGLE

OU

## LES MIRACLES DE LA CÉCITÉ

PAR

JUST GIRARD

NOUVELLE ÉDITION

TOURS

ALFRED MAME ET FILS, ÉDITEURS

1877

# LE

# MOULIN DE L'AVEUGLE

---

## I

Les habitants de Paris conserveront longtemps le souvenir de ces sombres journées du mois de janvier 1861, pendant lesquelles des brumes épaisses enveloppaient la capitale d'une obscurité telle, que dès l'approche de la nuit la circulation devenait difficile et souvent dangereuse. Cette obscurité allait en augmentant pendant toute la soirée et une partie de la nuit, toutefois avec des variations et des intermittences dans son intensité, soit à certains moments, soit dans tel ou tel quartier. Il arrivait parfois que, se trouvant placé tout près d'une lanterne d'éclairage, à peine voyait-on son bec de gaz, et l'on n'apercevait pas du tout ceux des lanternes les plus voisines. Un peu plus loin, le brouillard, moins épais, permet à la vue de s'étendre à une plus grande distance; on marchait alors avec plus de sécurité; puis tout à coup on entrait dans une nouvelle zone de vapeurs opaques, où l'on se trouvait plongé dans une obscurité plus profonde que tout à l'heure. Des sergents de ville placés de distance en distance, et armés de torches aux reflets rougeâtres, remettaient sur la voie les piétons et même des cochers égarés au milieu de ces ténèbres. Malgré ces précautions, nombre de personnes, même des plus habituées à parcourir Paris, se sont égarées facilement et jusque dans leur propre quartier. Un monsieur de ma connaissance, se rendant de la rue Saint-Antoine à la rue de Lyon, qu'il habite

depuis plusieurs années, a fait trois
fois le tour de la place de la Bastille
avant de trouver cette rue; on cite
un cocher qui, venant de la rue de
Rivoli pour gagner le cours la Reine,
a fait quatre ou cinq fois le tour de la
place de la Concorde; un autre qui,
croyant suivre la chaussée des quais,
est descendu sur le bord de la Seine,
alors débordée, etc.

Mais je n'en finirais pas si je voulais
raconter tous les accidents fâcheux ou
burlesques, tristes ou risibles, arrivés pendant ces journées, qui faisaient
ressembler les rues de Paris à d'im-
menses tunnels mal éclairés. — Alors,

me dira peut-être un lecteur, si vous n'avez pas cette intention, où en voulez-vous venir avec ce préambule ? — Eh! mon Dieu, tout simplement à vous faire mieux comprendre ce qui m'est arrivé à moi-même pendant une de ces soirées de brumeuse mémoire et que je vais vous raconter.

J'avais promis à un de mes amis, qui habite Saint-Germain-en-Laye, d'aller passer chez lui un certain dimanche de ce même mois de janvier. Je devais emmener avec moi son neveu, Léonce Bonnel, élève du collége Stanislas, qui avait une permission de sortie pour ce jour-là. Il avait été convenu, afin que cette journée fût complétement passée à Saint-Germain, que nous partirions de Paris le samedi soir par le train de cinq heures et demie, et que nous reviendrions le lundi par le train partant de Saint-Germain à sept heures du matin. En conséquence, le samedi, un peu avant quatre heures de l'après-midi, je me présentais au collége Stanislas, où, après les formalités d'usage, le jeune Léonce me fut confié.

En sortant du collége, où je n'étais resté que vingt minutes à peine, je fus tout étonné de trouver la rue envahie par un brouillard qui ne laissait pas voir à vingt pas devant soi. Comme je demeure dans le voisinage de la rue Notre-Dame-des-Champs, où est situé le collége Stanislas, j'y étais venu à pied, ne comptant prendre de voiture que pour nous rendre à l'embarcadère du chemin de fer de l'Ouest, place du Havre. En voyant l'obscurité qui commençait à s'étendre autour de nous, nous nous hâtâmes de gagner une station de voitures de remise qui se trouvait à peu de distance. Toutes étaient en course. A une autre station un peu plus loin, cinq ou six personnes attendaient les

voitures à rentrer, et les avaient re-
tenues d'avance. « Allons, dis-je à
Léonce, ne nous décourageons pas ;
gagnons le bureau d'omnibus de la
rue de Sèvres, vis-à-vis la rue du
Bac ; nous prendrons la voiture qui va
de Vaugirard à la place du Havre. »

Ce ne fut pas sans de grandes difficultés que nous arrivâmes à ce bureau,
quoique l'un et l'autre nous connus-
sions parfaitement le chemin ; mais
l'obscurité augmentait tellement à
chaque instant, qu'il devenait de plus
en plus difficile de se diriger. En arri-
vant au bureau, nous le trouvâmes
plein de personnes qui attendaient la

voiture, et le contrôleur nous offrit les numéros 25 et 26, en nous disant que nous ne pouvions pas espérer de places avant une heure. « Et encore, ajouta-t-il, si les voitures marchent d'ici là ; car il est probable que, si le brouillard continue, le service sera suspendu. Mais si vous êtes pressés, il y a à deux pas d'ici une station de voitures de place, où vous pourrez probablement en trouver une qui vous transportera où vous désirez aller. »

La station n'était effectivement pas loin ; mais encore nous eût-il été difficile de l'atteindre, sans un homme que nous rencontrâmes et qui eut la complaisance de nous y conduire. Arrivés là, nouveau désappointement : pas une seule voiture !

« Nous jouons de malheur, dis-je à Léonce.

— C'est vrai, Monsieur, me répondit-il ; bien des fois quand il faisait beau et que je n'avais pas besoin de voitures, toutes les stations que nous venons de parcourir en étaient garnies, et en passant les cochers m'accablaient de leurs offres de service ; aujourd'hui que nous en aurions si grand besoin, il n'y en a pas une. Cela me rappelle ces vers d'Ovide

que l'on nous faisait traduire l'autre
jour :

Donec eris felix, multos numerabis amicos ;
Tempora si fuerint nubila, solus eris (1).

— Ce qui veut dire en bon fran-
çais, repris-je en riant, que par le
beau temps on trouve tant qu'on
veut des voitures de place ou de remise, et que, quand il fait du brouillard, on n'en trouve pas une seule.
Cependant, ajoutai-je, ne nous décourageons pas encore, et tâchons de

(1) Tant que vous serez heureux, vous comp-
terez beaucoup d'amis ; si les nuages de l'adversité
vous enveloppent, vous resterez seul.

gagner, comme nous pourrons, la station la plus rapprochée ; peut-être serons-nous plus heureux. »

Nous nous mîmes en route en nous donnant le bras, de peur, si nous nous séparions, de nous perdre de vue ; mais nous n'avancions qu'en tâtonnant, en suivant les trottoirs, et en nous serrant contre les maisons. Arrivés devant la boutique d'un marchand de vin, éclairée par plusieurs becs de gaz, j'ai reconnu que nous nous trouvions seulement vis-à-vis l'hospice des Ménages, et que par conséquent nous avions fait bien peu de chemin. En même temps j'aperçus dans l'intérieur de la boutique l'homme qui nous avait guidés en sortant du bureau des omnibus, et qui, après avoir déposé un journal sur le comptoir du marchand de vin, s'apprêtait à sortir. Je pensai que cet homme était un porteur de journaux, et qu'il devait être familier avec le quartier et les environs. Je l'arrêtai au moment où il sortait, et je lui demandai s'il pouvait, moyennant un juste salaire, nous conduire promptement à la station de voitures la plus voisine, c'est-à-dire rue Taranne; car pour nous, quoique le chemin pour nous y rendre nous fût parfaitement connu, nous étions incapables de nous diriger au milieu de cette brume épaisse.

« Messieurs, me répondit-il, je vous y conduirai et même par tout Paris, aussi facilement et aussi promptement qu'en plein jour; seulement je vous ferai observer que vous ne trouverez pas plus de voitures rue Taranne que vous n'en avez trouvé rue de Sèvres, et que, quand même vous en trouveriez, si vous êtes pressés d'arriver, il sera impossible à un cocher de vous transporter rapidement à votre destination, car les voitures ne marchent plus qu'au pas dans ce moment-ci.

— Certainement que nous sommes pressés, s'écria Léonce, puisque nous devons partir par le convoi de Saint-Germain à cinq heures et demie, et maintenant que nous avons déjà perdu beaucoup de temps, à peine nous reste-t-il une heure pour faire le trajet.

— Et je vous garantis, Messieurs, qu'avec le temps qu'il fait, le givre qui rend les chemins glissants, le brouillard qui empêche les cochers de se reconnaître, ni un fiacre, ni même une voiture de remise ne pourrait vous conduire à la gare du chemin de fer de Saint-Germain en aussi peu detemps.

Si vous voulez m'en croire, vous n'avez d'autre parti à prendre, pour arriver à heure et à temps, que de faire le trajet à pied. Je me charge, si vous voulez me suivre, de vous conduire à la place du Havre en trente-cinq à quarante minutes au plus, et vous me donnerez, pour ma peine, le prix ordinaire de la course d'un commissionnaire, c'est-à-dire soixante-quinze centimes.

— Je vous donnerai deux francs, repris-je vivement, le prix d'une course de voiture de remise, si vous nous conduisez à l'embarcadère dans trois quarts d'heure.

« — Eh bien, Messieurs, je suis tout à votre service; prenez, si vous le voulez, le numéro de ma médaille, — il sortit de dessous sa blouse une médaille délivrée par la préfecture de police, — et mettons-nous en route immédiatement. Je n'ai plus que deux journaux à remettre à deux de mes abonnés; mais comme c'est sur notre chemin, cela ne nous causera aucun retard. Ayez soin, Messieurs, de marcher le plus près possible de moi, de manière à pouvoir entendre facilement les observations que j'aurais à vous faire. »

Nous le suivîmes. Il nous fit d'abord

descendre la rue de Sèvres, déposa
ses journaux, l'un chez un horloger,
l'autre chez un crémier, puis nous fît
traverser le carrefour de la Croix-
Rouge, en ayant soin d'éviter les voitures qui encombrent toujours ce pas-
sage dangereux. Nous entrâmes dans
la rue du Dragon, et, arrivés rue
Taranne, nous reconnûmes qu'effectivement il n'y avait pas de voitures à
la station; mais, s'en fût-il trouvé,
j'aurais hésité à en prendre une,
tant je commençais à avoir confiance
dans notre guide. Nous descendîmes
ensuite la rue des Saints-Pères. A
mesure qu'on approchait de la Seine,

le brouillard augmentait d'intensité.
Sur les quais, son épaisseur était ef-
frayante; figurez-vous entrer dans une
cave ou dans un souterrain dont l'obscurité, sans être complète, ne lais-
serait apercevoir que des lueurs incer-
taines, plutôt faites pour vous induire
en erreur que pour vous diriger. Notre
guide, sans montrer la moindre hé-
sitation, après nous avoir fait faire
quelques pas à gauche sur le trottoir,
nous dit : « Messieurs, apprêtez-vous
à traverser le quai pour gagner le
pont du Carrousel; suivez-moi toujours le plus près possible. » Nous
quittâmes le trottoir, et nous nous en-

gageâmes sur la chaussée. Quand nous fûmes à peu près au milieu : « Attention, nous cria notre homme, arrêtons-nous, pour laisser passer une voiture qui descend du pont. » Nous nous arrêtâmes, et presque au même instant un équipage bourgeois, attelé de deux chevaux fringants que le cocher avait peine à contenir, passa à deux pas devant nous. Doublons le pas maintenant, pour devancer une autre voiture qui vient dans un sens opposé. Attention, maintenant nous allons monter sur le trottoir du côté de la rivière; prenez garde de vous heurter contre les dalles de granit. »

L'avertissement était nécessaire, car sans cela nous n'apercevions pas la bordure du trottoir. Nous traversâmes sans encombre et rapidement le pont du Carrousel, le quai des Tuileries et le pavillon de Lesdiguières. Nous étions alors sur la place du Carrousel, qu'il s'agissait de franchir. Comme je m'aperçus que notre guide s'apprêtait à nous la faire traverser en ligne diagonale, je lui dis : « Ne serait-il pas plus prudent de suivre tout droit les nouveaux bâtiments du Louvre jusqu'au pavillon de Rohan, et ensuite les trottoirs de la rue de Rivoli? — Oui; mais ce serait plus long, et je

tiens à vous mener par le plus court.
— Allons, faites comme vous l'entendrez, » dis-je avec résignation. Et notre homme s'engagea à travers cette immense place du Carrousel, sillonnée en tous sens par une multitude d'équipages et de voitures de toute espèce, et par des sergents de ville portant des torches allumées, qui apparaissaient comme ces pièces d'artifice à feu rouge, qui ne se montrent un instant que pour vous laisser dans une plus grande obscurité. Malgré tous ces obstacles, et en les évitant sans trop nous retarder, nous traversâmes la place aussi facilement que

nous l'aurions pu faire en plein jour, et nous entrâmes dans la rue de Rivoli par le guichet de la rue de l'Échelle. Nous gagnâmes les arcades de cette rue, que nous suivîmes jusqu'à la rue de Castiglione. Comme le parcours de cette longue galerie était exempt de tout danger, nous marchâmes avec plus d'assurance et moins de précautions; j'en profitai pour faire compliment à notre guide de la manière dont il savait trouver son chemin au milieu de cet épais brouillard. « Il faut, lui dis-je, que vous ayez une grande habitude de parcourir Paris à toute heure de jour et de nuit; c'est sans doute dans votre état de porteur de journaux que vous avez acquis cette expérience?

— Je ne suis pas porteur de journaux, me répondit-il, j'en suis marchand. Je vais les chercher à l'imprimerie des différentes feuilles qui paraissent le matin, le soir et à différents jours de la semaine; je fournis plusieurs de mes confrères qui en vendent comme moi sur la voie publique; j'ai une station qui m'est assignée dans un carrefour, et où ma femme, aidée de sa fille aînée, vend les journaux en détail. Pour moi, je suis spécialement chargé des courses,

et de servir un certain nombre d'a-
bonnés qui veulent bien me donner
leur pratique. Comme je fais ce métier-
là depuis plus de quinze ans, il n'est
pas étonnant que j'aie l'habitude de
marcher dans les rues de Paris. Mais
attention, nous voici place Vendôme. »
Alors nous recommençâmes à marcher
avec les précautions usitées précédem-
ment, et nous eûmes bientôt franchi la
place Vendôme et la rue Neuve-des-
Capucines. La traversée du boulevard
de la Madeleine présentait, à mon
avis, plus de difficultés que ne nous en
avait offert tout le chemin que nous
venions de parcourir. Notre guide lui-

même parut hésiter, puis après avoir prêté un instant l'oreille au bruit des nombreuses voitures qui se croisaient en tous sens sur la chaussée : « Allons, nous dit-il résolûment, voici le moment de traverser, et vivement ! » Nous le suivîmes avec peine et en allongeant fortement le pas. Il ne ralentit sa marche que quand nous fûmes entrés dans une rue que je ne reconnus pas. « Où sommes-nous ? lui dis-je. — Nous sommes rue de Sèze. — Rue de Sèze ! s'écria Léonce ; mais c'est merveilleux ; nous allons rejoindre la rue de la Ferme-des-Mathurins, puis au bout la rue et la place du Havre, et nous serons arrivés; maintenant il ne nous est plus possible de nous égarer, et nous pourrions payer cet homme et le renvoyer.

— Comme vous voudrez, Messieurs, dit le guide; cependant m'est avis que vous pourriez trouver encore quelque embarras en traversant la place du Havre, et peut-être que je ne serais pas de trop pour vous aider à en sortir; d'ailleurs je me suis engagé à vous conduire à l'embarcadère de la rue Saint-Lazare en trente-cinq à quarante minutes, et je tiendrais à vous faire voir que je suis un homme de parole.

— Nous ne saurions en douter, repris-je : il y a à peine une demi-heure
que vous vous êtes chargé de nous
guider, tous les passages difficiles ont
été franchis, et il ne nous faut pas
plus de cinq à six minutes pour être
arrivés ; mais pour peu que vous te-
niez à venir avec nous jusqu'à la
gare, nous y consentons bien volontiers.

— Cela me ferait plaisir, Messieurs ;
et, si vous êtes contents de moi, j'es-
père que vous me permettrez de boire
un verre de vin à votre santé.

— Comment ! repris-je, mais cela
va tout seul ; je vous ai dit que j'assi-

milerais votre course à celle d'une
voiture de remise; mais on ne se
contente pas de payer à un cocher le
prix de sa course, on y ajoute toujours un pourboire.

— Et même on le double quand on
est content, observa Léonce; et je
me charge du double pourboire, car
vous l'avez bien gagné, mon brave
homme.

— Ma foi, c'est pas de refus,
not' bourgeois; car pour m'ôter le
mauvais effet de ce satané brouillard,
je boirai volontiers deux verres à votre
santé.

— Et vous ferez bien, mon brave,

dis-je en riant; mais avant de nous quitter, pourriez - vous m'expliquer comment il se fait que, par une telle obscurité, vous nous ayez amenés, par le chemin le plus direct et en évitant tous les obstacles, de la Croix-Rouge à l'embarcadère du Havre? Êtes-vous donc comme les chats, y voyez - vous aussi bien la nuit que le jour?

— Sans être tout à fait comme les chats, j'y vois autant la nuit que le jour, ou plutôt je n'y vois pas plus le jour que la nuit.

—Expliquez-vous; je ne vous comprends pas.

— C'est pourtant bien simple : je suis aveugle.

— Aveugle! nous écriâmes-nous en même temps, Léonce et moi. Vous êtes aveugle ! est-ce possible ?

— Hélas! ce n'est que trop possible, car cela existe dès ma naissance; ainsi, Messieurs, vous pouvez dire que deux *voyants,* pour traverser tout Paris, ont pris pour guide un aveugle, qui ne les a pas trop mal conduits où ils voulaient aller. Mais, Messieurs, ajouta-t-il, nous voici à la place du Havre; il y a encore quelque difficulté à la traverser à cause de l'encombrement des voitures qui se rendent à cette heure-ci à la gare ; je vais vous piloter encore dans cette dernière traversée ; car si je ne vois pas comme vous par les yeux, je vois par les oreilles ; et mes oreilles ne me trompent pas. »

Il nous fit, en effet, traverser la place du Havre et la cour de l'embarcadère, au milieu d'une foule de voitures qu'il évitait avec une adresse incroyable.

Quand nous arrivâmes à la salle où l'on distribue les billets, nous pûmes constater que nous avions encore dix minutes devant nous. Là j'examinai avec attention notre guide, à la clarté du gaz que n'obscurcissait plus le brouillard. Je reconnus facilement qu'il était complétement aveugle, et que l'organe de la vue n'avait jamais existé chez lui. Je fus touché d'une profonde pitié. « Vous êtes marié et père de famille ? lui dis-je. — Oui, Monsieur, j'ai une fille âgée de douze ans, qui aide sa mère, et deux autres enfants plus jeunes, qui vont à l'école. — Aucun d'eux n'est privé de la vue ? demandai-je. — Oh ! non, Dieu merci ; c'est bien assez de moi. Tous se portent bien, et n'ont d'autre maladie qu'un bon appétit. — Tant mieux, répondis-je : eh bien, voilà le prix convenu de votre course ; puis voilà pour donner à déjeuner demain à vos enfants.

— Et voilà, ajouta Léonce, pour boire ce soir à ma santé. »

Nous nous séparâmes de notre guide aveugle, et quelques minutes après la vapeur nous emportait à Saint-Germain.

On nous attendait pour dîner, et nous n'arrivâmes pas trop en retard. Je ferai grâce à mes lecteurs de la réception qui nous fut faite ce soir-là et le lendemain. Elle fut à mon égard ce qu'elle devait être de la part d'un ami de plus de trente ans, et à l'égard de Léonce ce qu'on peut attendre d'un oncle qui aime son neveu comme s'il était son propre fils.

On pense bien que nous racontâmes dans tous ses détails notre aventure avec l'aveugle, qui nous avait mieux guidés qu'aucun clairvoyant n'aurait pu le faire. On en parla une partie de la soirée; on revint sur ce sujet le lendemain, et comme la conversation qui s'engagea à ce sujet contient des faits et des réflexions qui m'ont paru de nature à intéresser mes jeunes lecteurs, je leur en offre ici le résumé en forme de dialogue entre les interlocuteurs dont les noms suivent : M. Bonnel (l'oncle), M^{me} Bonnel, sa femme ;

l'abbé Matthieu, aumônier du collége de *** ; le docteur Cury, médecin à Versailles : ces deux derniers amis de la famille Bonnel, et invités comme moi pour cette journée ; enfin notre jeune ami Léonce et moi.

———

## II

M. BONNEL. — Et vous êtes bien sûrs, Messieurs, que l'homme qui vous a ainsi conduits à travers Paris était entièrement privé de la vue?

MOI. — Oh! parfaitement sûrs; d'ailleurs, à quoi cela lui eût-il servi d'y voir un peu, tandis que votre neveu et moi, qui avons de bons yeux, Dieu merci, n'y voyions pas du tout?

LÉONCE. — Cela est vrai : il était

impossible de se conduire avec la meilleure vue du monde ; aussi c'était à l'aide de l'ouïe qu'il distinguait l'approche des voitures, leur direction, leur distance, leur mouvement, quand nous n'entendions, nous, qu'un bruit confus, que nous ne les apercevions que quand elles étaient à deux pas de nous, et qu'il nous avait su faire adroitement éviter leur rencontre. En un mot, comme il nous l'a dit avec justesse, il voyait par les oreilles.

M<sup>me</sup> BONNEL. — C'est vraiment merveilleux, et j'avoue que je n'y puis rien comprendre.

M. Bonnel. — Cela n'a rien de merveilleux, quoique nous ne le comprenions pas tout d'abord ; il n'est pas rare de rencontrer des aveugles dans les rues de Paris, marchant au milieu de la foule, et n'ayant souvent pour se guider qu'une petite baguette à la main ; ces mêmes hommes, on le conçoit sans peine, peuvent plus facilement encore circuler pendant la nuit, où la foule n'est pas si grande dans les rues. Mais ce qu'il y a réellement d'admirable, et qui m'a toujours frappé dans l'organisation des aveugles, c'est l'espèce de compensation que la nature semble avoir voulu leur offrir, en donnant à leurs autres sens un plus haut degré de perfection qu'on n'en rencontre ordinairement dans les individus qui ne sont pas affligés de la même infirmité.

Le docteur Cury. — Je ne suis pas tout à fait d'accord avec vous sur la cause de cette compensation ; je prétends que les aveugles n'ont pas reçu, en dédommagement de la privation de la vue, des sens plus parfaits que ceux des autres hommes ; seulement la nécessité, la persévérance, leur intelligence, leur ont appris à perfectionner ces sens d'une manière qui par-

fois est réellement admirable. En cela
sans doute ils ont été aidés en quelque
sorte par leur état de cécité : en effet,
la vue étant fort propre à nous dis-
traire, par la quantité d'objets qu'elle
nous présente à la fois, ceux qui sont
privés de ce sens doivent naturelle-
ment et en général avoir plus d'attention aux objets qui tombent sous
leurs autres sens. C'est principalement
à cette cause qu'on doit attribuer
cette finesse du tact et de l'ouïe qu'on
observe dans certains aveugles, et non
pas à une supériorité réelle de ces
sens, par laquelle la nature ait voulu
les dédommager de la privation de la

vue. Cela est si vrai, qu'une personne devenue aveugle par accident trouve souvent dans les sens qui lui restent des ressources dont elle ne se doutait pas auparavant : le pourquoi c'est que cette personne, étant moins distraite, est devenue plus capable d'attention ; puis la nécessité l'a forcée de faire un usage plus fréquent de ses autres sens, et par là d'arriver à les perfectionner. Mais c'est surtout dans les aveugles-nés, ou qui ont perdu la vue dès leur première enfance, qu'on peut remarquer, s'il est permis de s'exprimer ainsi, les miracles de la cécité. Un savant du siècle dernier fait mention, dans un ouvrage qu'il a publié sur ce sujet, d'un aveugle-né qu'il a connu, lequel était chimiste et musicien. Il avait la mémoire des sons à un degré surprenant, et la diversité des voix le frappait autant que celle que nous observons dans les visages. Les secours qu'il tirait de ses sens, et l'usage singulier qu'il en faisait, au point d'étonner ceux qui l'environnaient, le rendaient assez indifférent sur la privation de la vue. Il sentait qu'à d'autres égards il avait des avantages sur les *voyants*. Il devait également le sentir, cet aveugle qui a conduit dans les rues de Paris ces deux

messieurs, qui eussent été incapables,
malgré leur bonne vue, de se conduire
eux-mêmes. L'aveugle cité par le
savant dont je parle se dirigeait aussi
très-habilement et très-sûrement au
bruit et à la voix ; il estimait la proxi-
mité du feu au degré de la chaleur, la
plénitude des vaisseaux au bruit que
font en tombant les liqueurs qu'on y
transvasait, et le voisinage des corps
à l'action de l'air sur son visage. Il
appréciait à merveille le poids des
corps et la capacité des vaisseaux ;
il se faisait de ses bras des balances
fort justes, et de ses doigts des com-
pas presque infaillibles. Le poli des

corps n'avait guère moins de nuances
pour lui que le son de la voix ; il jugeait
de la beauté par le toucher, et, par
une singularité remarquable, il faisait
entrer dans ce jugement la prononcia-
tion et le son de la voix. Il avait des
notions de mécanique ; il faisait de
petits ouvrages au tour et à l'aiguille,
il nivelait à l'équerre, il montait et
démontait les machines ordinaires ; il
exécutait un morceau de musique,
dont on lui disait les notes et les va-
leurs ; il estimait avec beaucoup plus
de précision que nous la durée du
temps, par la succession des actions
et des pensées.

Moi. — Ce que vous dites là, monsieur le docteur, de la faculté qu'acquièrent certains aveugles de retenir
dans leur mémoire les sons des voix,
comme nous conservons le souvenir
des traits du visage, de faire de leurs
bras des balances d'une justesse éton-
nante, d'estimer avec précision la durée du temps, etc., je l'ai remarqué
plus d'une fois, et entre autres, dans
ma jeunesse, chez un aveugle que j'ai
eu occasion de connaître, et dont j'ai
publié l'histoire dans un petit livre que
notre ami Léonce a lu sans doute, car
je lui en ai donné deux ou trois exem-
plaires.

LÉONCE. — Vous voulez parler de l'aveugle de Marcenay (1)? Certainement je l'ai lu, et mon oncle et ma tante aussi l'ont lu; mais je vous avoue que, tout en regardant comme vrai le fond de cette histoire, je pensais que vous aviez exagéré quand vous disiez qu'il reconnaissait à la voix des personnes qu'il n'avait pas entendues parler depuis plusieurs années, qu'il distinguait au toucher une médaille d'or d'une médaille de cuivre, qu'il en reconnaissait le poids à un

_____

(1) *L'Aveugle de Marcenay, ou la Désobéissance punie*, par J. Girard; 1 vol. in-18. Tours, A<sup>d</sup> Mame et fils.

gramme près, et qu'il pouvait préciser l'instant où la cloche de l'horloge sonnerait une heure, avec une telle exactitude que sa main semblait elle-même tenir le marteau qui frappait sur la cloche.

Moi. — Je n'ai rien exagéré du tout ; et pour vous prouver, mon jeune ami, que de pareils faits n'ont rien d'impossible, quoiqu'ils soient, j'en conviens, extraordinaires, je vous citerai quelques aveugles célèbres, dont l'histoire authentique ne saurait faire le sujet du moindre doute. Ce sera d'abord le fameux Saunderson, mort professeur de mathématiques à l'uni-

versité de Cambridge, en Angleterre.
La petite vérole lui avait fait perdre
la vue dès sa plus tendre enfance, au
point qu'il ne se souvenait nullement
d'avoir jamais vu et n'avait pas plus
d'idée de la lumière qu'un aveugle-né.
Malgré cette privation, il fit des pro-
grès si surprenants dans les mathématiques, qu'on lui donna la chaire de
professeur. Ses leçons étaient d'une
clarté extrême. En effet, il parlait à
ses élèves comme s'ils eussent été privés de la vue. Or, un aveugle qui s'ex-
prime clairement pour des aveugles
doit gagner beaucoup avec des gens
qui voient. Ce qu'il y a de singulier,

c'est qu'il donnait des leçons d'optique...

LÉONCE, *interrompant et riant aux
éclats.* — Oh! c'est par trop fort ; il ne
lui manquait plus que de donner des
leçons de peinture et de juger le mé-
rite des tableaux. ·

MOI. — Ne riez pas, jeune homme,
d'un fait qui ne paraîtra surprenant
qu'aux gens sans instruction, ou dont
l'instruction est incomplète. Quand
vous aurez fait votre philosophie,
quand vous aurez étudié les mathématiques, la physique et les règles gé-
nérales de l'optique, vous concevrez
aisément qu'un aveugle, sans avoir

l'idée de la lumière et des couleurs, peut donner des leçons d'optique, en prenant, comme font les géomètres, les rayons de la lumière pour des lignes droites qui doivent être disposées suivant certaines lois pour produire les phénomènes de la vision ou ceux des miroirs et des verres. Mais parlons de quelques autres résultats merveilleux de la puissance que l'aveugle Saunderson était parvenu à donner à certains de ses sens. En parcourant avec les mains une suite de médailles, il discernait les fausses, même lorsqu'elles étaient assez bien contrefaites pour tromper les yeux exercés d'un bon connaisseur. Il jugeait de l'exactitude d'un instrument de mathématiques en faisant passer ses doigts sur les divisions. Les moindres vicissitudes de l'atmosphère l'affectaient, et il s'apercevait, surtout dans les temps calmes, de la présence des objets peu éloignés de lui. Un jour qu'il assistait dans un jardin à des observations astronomiques, il distingua, par l'impression de l'air sur son visage, le temps où le soleil était couvert par des nuages ; ce qui parut d'autant plus singulier qu'il était totalement privé non-seulement de la vue, mais de l'organe de ce sens.

LE DOCTEUR CURY. — Le nombre

des aveugles qui se sont distingués
dans les sciences et dans les arts,
depuis les temps anciens jusqu'à nos
jours, est beaucoup plus considérable
qu'on ne pense. J'ai dans ma bibliothèque un ouvrage fort curieux du
docteur Guillié, ancien directeur général et médecin en chef de l'institution royale des Jeunes Aveugles de
Paris. Ce livre a pour titre : *Essai sur
l'instruction des aveugles;* l'auteur y a
inséré la biographie des aveugles qui
se sont le plus particulièrement distingués dans les sciences ; on y retrouve
les noms de Diodore, maître de philosophie de Cicéron et profond géo-

mètre ; Aufidius, Eusèbe l'Asiatique,
Didyme d'Alexandrie, dont saint Jé-
rôme, Rufin, Palladius et Isidore
furent les disciples ; Aboulola, le plus
habile des poëtes arabes ; le chevalier
John Gower, le plus ancien auteur qui
ait écrit en anglais ; Marguerite de
Ravenne, si célèbre par ses vertus et
son savoir ; Malaval et Corniers. Ajou-
tons, dans des temps plus rappro-
chés, M. Hubert de Genève, auteur
de la meilleure histoire des abeilles et
des fourmis ; MM. Pougens, Bérard et
Isaac Roques ; et parmi les élèves
de l'institution des Jeunes Aveugles,
MM. le Sueur, Avisse, etc. Le nombre

des aveugles qui se sont distingués dans les arts n'est pas moins considérable : on peut mettre en première ligne le statuaire Gombasius, de Volterra; le peintre romain Anastasi, qui, devenu aveugle, s'est livré à la mécanique, et à qui l'on doit les bains de vapeur de l'hôpital Saint-Louis, exécutés d'après ses modèles ; l'organiste Chauvet, le compositeur Cavalli, Givet, premier maître de musique de Méhul, et tant d'autres qui tiennent un rang distingué dans l'art musical.

L'ABBÉ MATTHIEU (Jusque-là il avait écouté en silence; mais, prenant

2*

tout à coup la parole, il s'écria en riant) : — Et dans votre nomenclature, comment avez-vous fait pour oublier Homère, et Milton, et Delille, trois poëtes aveugles, qui, à des titres différents, valaient bien au moins qu'on leur donnât un souvenir?

Moi. — Nous n'avons pas eu la prétention, le docteur et moi, de passer en revue tous les hommes que la cécité n'a pas empêchés de devenir célèbres, ou peut-être qui lui doivent une partie de leur célébrité. Nous avons voulu seulement fournir quelques arguments en faveur de cette vérité : que la perte d'un sens aussi important que celui de la vue n'empêche pas le développement des facultés de l'intelligence, aidées du secours des autres sens, lesquels acquièrent dans ce cas une perfection extraordinaire.

L'abbé Matthieu. — Très-bien ; toutefois à l'appui de votre thèse vous n'avez choisi la plupart de vos exemples que parmi des individus qui avaient reçu une certaine éducation, ou qui, par une cause ou par une autre, ont occupé un certain rang dans le monde, et ont acquis ainsi leur réputation. Permettez-moi de

vous citer un exemple non moins con-
cluant que les vôtres, mais pris dans
une classe toute différente. L'homme
qui me fournit cet exemple est aveugle,
comme était celui dont nous parlait
tout à l'heure M. le docteur, et il a au
moins une égale aptitude pour la mécanique ; seulement sa pauvreté ne lui
a pas permis de recevoir les premières
notions élémentaires d'instruction et
d'industrie : il s'est instruit de lui-
même, en exerçant avec calme, avec
patience, avec réflexion et persévérance, l'intelligence que Dieu lui a
donnée. C'est ainsi qu'il est parvenu
à faire des choses tout aussi extraordi-

naires que celles qu'ont accomplies
les personnages dont vous parliez tout
à l'heure ; mais comme il vit en quelque
sorte perdu dans un village ignoré de
la Beauce, et qu'il n'a personne pour
le prôner, il est probable qu'il n'ob-
tiendra pas la même célébrité qu'eux.
Du reste, il n'y tient guère ; pourvu
qu'il trouve dans l'exercice de son
état un moyen de gagner laborieuse-
ment et honnêtement sa vie, sans être
obligé de recourir à l'assistance publique, comme son infirmité lui en
donnerait le droit, c'est tout ce qu'il
demande à Dieu ; le reste lui importe
fort peu.

LÉONCE. — Cet homme exerce donc un état ?

L'ABBÉ MATTHIEU. — Oui, il est meunier.

M. BONNEL. — Garçon meunier sans doute ; car un aveugle ne pourrait pas seul diriger le travail d'un moulin.

L'ABBÉ MATTHIEU. — Non-seulement il dirige seul son moulin, mais il en est le constructeur. Il n'a pas demandé aide au maçon pour la bâtisse, au charpentier pour l'assemblage des bois, au mécanicien pour la transmission du mouvement, à l'ingénieur pour la conduite des eaux ; construction, charpente, mécanique, eau motrice, excepté la meule à moudre le grain, il a tout préparé, tout posé, tout mis en jeu de ses mains.

LE DOCTEUR CURY. — Voilà qui est vraiment merveilleux, dirai-je à mon tour. Et vous avez vu ce chef-d'œuvre de l'art et de la mécanique?

L'ABBÉ MATTHIEU. — Chef-d'œuvre n'est pas le mot si l'on examine ce travail en lui-même; mais quand on pense à celui qui l'a exécuté, on ne peut s'empêcher de dire avec vous que c'est merveilleux.

LÉONCE. — Pardon, monsieur l'abbé; pour que je puisse bien comprendre les difficultés qu'a eu à surmonter cet aveugle, auriez-vous la bonté de me décrire en général le mécanisme d'un moulin à farine? car j'en ai vu souvent soit à vent, soit à eau; je suis même entré quelquefois dans l'intérieur; mais je n'ai vu que des roues tournant plus ou moins vite, je n'ai entendu qu'un tic tac assourdissant, sans me rendre compte de quelle manière cette machine, qui m'a paru assez compliquée, réduisait le blé en farine.

L'ABBÉ MATTHIEU. — Avec plaisir, mon jeune ami; mais comme l'explication que je vais vous donner sera bien incomplète, car je ne vous parlerai que d'une espèce de moulin, et des plus simples qui existent, si vous voulez avoir des notions plus étendues sur cette partie intéressante des arts mécaniques, je vous engage à lire les ouvrages qui en traitent d'une manière spéciale, et mieux encore, quand vous aurez occasion de visiter un établissement de ce genre, de ne pas vous contenter, comme on le fait trop souvent à votre âge, d'un examen superficiel, qui ne laisse dans votre esprit que le souvenir d'un vain bruit ou d'un mouvement de roues que vous n'avez pas compris.

# III

Les moulins à eau les plus ordinaires
se composent d'une roue extérieure,
mise en mouvement par l'eau. Cette
roue hydraulique est à *augets* ou à
*aubes ;* je ne vous parlerai ici que de
la roue à *augets,* parce que c'était celle
qui était employée dans le moulin de
l'aveugle. Ces espèces de roues reçoi-
vent l'eau par-dessus ; un conduit

appelé *coursier*, en bois, amène l'eau sur l'un des côtés de la roue de manière à emplir les augets, dont le poids force la roue à tourner sur elle-même. Arrivés au bas, les augets pleins se vident, tandis que ceux du haut se remplissent, ce qui force la roue à continuer tant qu'il y a suffisamment d'eau pour remplir les augets. Au centre de cette roue passe un arbre ou essieu soutenu par deux axes en fer ou *tourillons*; à la partie de l'arbre qui donne dans le moulin est attachée une roue appelée *rouet*, à la circonférence duquel sont implantées quarante-huit chevilles nommées *mamelles*, qui s'engrènent

dans la *lanterne,* laquelle est composée
de deux plateaux qui la terminent en
haut et en bas, et de neuf fuseaux qui
forment son contour. La lanterne est
traversée par un axe de fer, qui d'un
bout porte sur le *palier,* pièce de bois
d'environ seize centimètres de lar-
geur, sur quinze d'épaisseur, et trois
mètres de longueur entre ses deux
appuis, et de l'autre bout supporte à
son extrémité la meule supérieure,
laquelle est mise en mouvement par la
lanterne, qui elle-même est mue par
le rouet, de manière à faire cinq tours
et un tiers pendant que le rouet ainsi
que la roue extérieure ne font qu'un

tour. Entre la meule supérieure et la
lanterne est une autre meule traversée par l'axe de la lanterne, lequel
y roule librement. Cette meule inférieure est fixe, et c'est sur celle-
là que tourne la meule supérieure,
mise en mouvement à l'aide des
pièces dont je viens de vous parler.
Les meules sont renfermées dans un
cintre de bois de la même forme. La
meule inférieure, qui est immobile,
forme un cône dont le relief, depuis les bords jusqu'à la pointe, est
de deux centimètres perpendiculaires.
La meule tournante ou supérieure
en forme un autre en creux, dont

l'enfoncement est de trois centimètres environ. Au-dessus des meules s'élève une trémie, espèce de grande boîte dans laquelle on jette le blé; au bas de la trémie est une petite auge inclinée pour recevoir le blé qui s'échappe de l'orifice inférieur de la trémie, et pour le conduire dans l'ouverture de la meule supérieure. L'introduction du blé de l'auget dans la meule est régularisée au moyen des secousses imprimées à cet auget par une pièce de bois dentelée qui tourne au-dessus de la lanterne et qui frappe régulièrement contre l'auget, en produisant ce tic tac monotone dont vous parliez tout à l'heure. On se sert encore de ce mécanisme pour un usage fort utile. A côté de la trémie est suspendue une petite sonnette, qui ne peut sonner tant qu'il y a du blé dans la trémie ; mais aussitôt qu'il cesse d'y en avoir, ou qu'il n'y en a plus qu'une faible quantité, la sonnette est vivement agitée par les secousses de l'auget. Le meunier, attentif au signal, recharge aussitôt la trémie, ou arrête son moulin, sans quoi la meule supérieure, n'ayant plus de matière pour s'exercer, viendrait à frotter la meule dormante, et en ferait jaillir des étincelles qui, en se multipliant, mettraient le moulin et la charpente en feu. Un autre soin que doit encore avoir le meunier est de rabattre de temps en temps ses meules pour en rendre raboteuses les surfaces qui broient le blé ; car, en s'usant, ces surfaces deviennent unies, et ne peuvent plus qu'écraser ou aplatir le blé. Le blé, trituré par les deux meules et réduit en farine, est lancé par un conduit dans une espèce de coffre de bois où se trouve ordinairement un blutoir, qui, mis en mouvement par le mécanisme du moulin, sépare la farine du son.

Cet aperçu, bien incomplet comme

je vous l'ai annoncé, suffira, je pense,
à vous donner une idée des difficultés
qu'a dû rencontrer notre aveugle pour
mettre son idée à exécution. Sans
doute il ne faut pas comparer son travail, je ne dirai pas à ces usines
perfectionnées qu'on rencontre aujourd'hui dans un grand nombre de
localités, mais même à ces anciens
moulins qu'on voit encore dans beaucoup d'endroits et dont la construction est abandonnée à des ouvriers
charpentiers qui n'ont pour guide que
la routine, laissant perdre une grande
partie de la force motrice, et rendant
par un mécanisme lourd et mal cal-

culé le mouvement de ces moulins
très-pénible. J'avoue même que la
première fois que je découvris par ha-
sard la chaumière habitée par l'homme
dont je parle, en voyant une roue
extérieure d'une forme assez gros-
sière, un mécanisme d'art assez pri-
mitif, ne pouvant me rendre compte
de ce que c'était, je demandai le nom
et l'usage de ces choses : « C'est le
moulin de l'aveugle, » me répondit le
premier paysan que je rencontrai, et
d'autres me firent la même réponse,
en l'accompagnant de quelques-uns
des détails que je viens de vous
donner.

Ma curiosité, vivement excitée, me porta à prendre des renseignements plus exacts et plus complet. Le moulin de l'aveugle est situé sur la paroisse d'Oisême, dans le diocèse de Chartres. Dans une visite que je fis au curé de cette paroisse, j'appris à peu près tout ce que je désirais savoir, et que je vais vous répéter en le résumant.

Alexandre Torcheux, c'est le nom fort peu poétique, fort peu romanesque de notre aveugle industriel, a encore son père et sa mère, laborieux mais pauvres cultivateurs du pays, qui ont eu quinze enfants, dont dix, je

crois, sont encore vivants. Alexandre,
à qui son infirmité ne permettait pas
de se livrer aux travaux des champs,
a montré de bonne heure une grande
aptitude pour la mécanique. Il y avait
dans la maison paternelle un tour assez grossier avec quelques outils ; à
l'aide de cet instrument bien impar-
fait, il était parvenu à faire des ouvrages très-curieux. Dès l'âge de quinze
ans, il démontait et réparait des hor-
loges de campagne, et même il en faisait de neuves sur modèles. Je n'ai pas
su à quelle époque il lui prit fantai-
sie de construire son moulin, ni connu
les détails des premiers essais, des

tâtonnements auxquels il a dû nécessairement se livrer avant de terminer
cette œuvre capitale ; mais l'ouvrage
est là qui suffit pour faire concevoir
ce qu'il lui a fallu de réflexion, de
travail, de constance pour arriver à
ses fins. Personne ne voulait croire
qu'il réussirait; chacun cherchait à le
décourager ; il ne se laissa ébranler
ni par les railleries des uns, ni par
les raisonnements des autres, qui
voulaient lui démontrer l'impossibi-
lité de réussir dans une pareille en-
treprise. Sa persévérance était taxée
d'entêtement, de folie; enfin un beau
jour le moulin marcha ; on reconnut

que si le mécanisme était grossier, il fonctionnait cependant d'une manière convenable et régulière. Alors on prit confiance, et l'on apporta du blé à moudre au moulin de l'aveugle.

Alexandre, après avoir été le constructeur de son moulin, s'en est fait aussi le meunier : c'est lui, lui seul, qui reçoit le grain, le moud, le blutte, règle le moteur, dirige l'appareil, entretient et répare le mécanisme.

Le courant d'eau qui sert à mettre le moulin en mouvement n'est qu'un faible ruisseau que la moindre sécheresse tarit, que le moindre orage fait déborder.

Alexandre, dans la construction de son moulin, a su proportionner avec une rare intelligence la force de résistance de ses tournants et virants, avec la force motrice dont il pouvait disposer, bien plus sage en cela que la plupart des charpentiers constructeurs routiniers, dont je parlais tout à l'heure, qui emploient des meules énormes, sans s'inquiéter si le cours d'eau suffira pour les faire tourner ; de là des chômages forcés et une mouture irrégulière. Alexandre ne se servait que de petites meules, faciles à mettre en mouvement : quand l'eau est bonne, il fait par jour son sac de farine, et la moitié seulement en eau basse. Pour régulariser, selon la hauteur de l'eau, son emploi dans le coursier (1), il a imaginé un ingénieux appareil qui peut donner une idée de son génie inventif. On sait que, dans les eaux basses, le meunier est obligé de ne faire marcher son moulin que par *éclusées ;* c'est-à-dire qu'il attend

---

(1) Le *coursier,* en termes d'hydraulique, est une rigole entre deux rangs de pilotis, par où l'eau arrive aux aubes ou sur les augets d'un moulin, et qu'on ferme à volonté par le moyen d'une vanne.

qu'une certaine quantité d'eau soit amassée dans son réservoir pour lever la vanne et lancer cette eau sur le coursier ; puis, quand le réservoir est vidé, il baisse la vanne ou écluse, et attend de nouveau qu'il se remplisse pour recommencer la même manœuvre. Mais cette attente, ces soins occasionnent toujours une perte de temps, moins considérable, il est vrai, chez un meunier qui d'un coup d'œil peut voir si son réservoir est plein ou vide, que chez un pauvre aveugle qui serait obligé de recourir à des moyens plus lents pour s'assurer de l'état des choses.

Or voici ce qu'Alexandre a imaginé

pour s'affranchir complétement de ce
souci ; quand l'eau est arrivée à son
niveau supérieur dans le réservoir,
elle emplit une petite caisse qui par
son poids et un mouvement de bas-
cule lève la vanne et lance le coursier;
l'eau descendue à son point le plus
bas, la caisse se vide, laisse tomber la
vanne et revient prendre son poste
jusqu'à ce qu'un nouveau trop-plein
du réservoir lui fasse exécuter le même
mouvement. De cette manière le
moulin s'arrête ou se remet à tourner
de lui-même sans que le meunier ait
à s'en occuper, et celui-ci peut quitter
son usine sans perdre ni eau ni temps.

C'est alors qu'il porte à ses pratiques voisines la mouture, soit à dos, ou à l'aide d'un âne, seul domestique qu'il ait à son service. Il est à remarquer qu'il exécute ces petites excursions, qui sont quelquefois de plus de quatre kilomètres, sans jamais se tromper de chemin. Cela est moins difficile à exécuter, sans doute, que ne l'était pour votre porteur de journaux de venir du carrefour de la Croix-Rouge à la place du Havre; cependant la multiplicité des sentiers qui se croisent à travers les prés et les champs, et qui mettent souvent celui qui a de bons yeux dans l'embarras de reconnaître son chemin, doit offrir aussi une grande difficulté à notre aveugle.

Ce n'est pas tout : j'ai dit que le ruisseau du moulin de l'aveugle tarissait parfois en temps de sécheresse. Il n'y a plus moyen alors de le faire marcher par éclusée ; mais Alexandre a prévu cet inconvénient : comme ses meules ne sont pas trop lourdes, et qu'il est robuste, il a adapté à la lanterne une espèce de rouet qu'il tourne lui-même avec une manivelle, et remédie ainsi à force de bras et de courage au chômage forcé de son usine. Ce n'est

pas, comme vous le pensez bien, le
moins pénible de la profession qu'il
a embrassée ; mais, comme il le dit
lui-même quand on lui en fait l'ob-
servation, « heureusement cela n'arrive pas souvent, et cela ne durera
pas toujours. » En effet, il rêve en ce
moment au moyen d'établir un ma-
nége pour faire tourner son moulin,
quand l'eau manquera, à l'aide d'un
cheval ou d'un âne, ou d'une bête
de somme quelconque, et je ne doute
pas qu'il n'y parvienne aisément ;
car tout ce qu'il conçoit, il le réa-
lise. C'est ainsi que dernièrement il
a composé et exécuté un tarare, qu'il

a présenté au comice agricole de Voves (1). Mais notre jeune ami Léonce ne sait peut-être pas ce que c'est qu'un tarare?

Léonce. — Pas le moins du monde, et c'est, je crois, la première fois que j'entends prononcer ce mot.

L'abbé Matthieu. — Eh bien, on appelle *tarare* un appareil destiné à purger les grains qu'on veut moudre des pelures, de la terre, des cailloux et autres corps étrangers qui gâteraient la farine et même les meules. Dans les moulins communs, le tarare

(1) Chef-lieu de canton du département d'Eure-et-Loir.

est très-simple. Il se compose d'un *crible rotatif*, consistant en un double cylindre de toile métallique, monté sur le même axe, ayant environ un douzième d'inclinaison, et effectuant quinze à dix-huit révolutions par minute. Le cylindre intérieur a les mailles assez ouvertes pour laisser passer à travers tout le grain qu'on veut moudre, et retenir les *cloques*, les *bouffes*, grosses graines d'ail, les cailloux, etc., en un mot, ce qui est plus volumineux que le blé ; tout cela tombe hors du tarare par le bout du cylindre. Le cylindre extérieur a les mailles serrées, de manière à retenir, au contraire, le bon grain, et à laisser passer la poussière, l'ivraie, les petites graines d'ail, et en général ce qui a moins de volume que le blé : cela tombe à travers les mailles.

Quant au bon grain, il sort par le bout du cylindre extérieur, lequel est plus court que l'intérieur; alors il est soumis à un appareil de ventilation. Cet appareil consiste en un arbre sur lequel sont montées quatre ailes, ayant environ un mètre de long sur cinquante centimètres de large, et effectuant un certain nombre de révolutions par minute; ordinairement cent quarante. Le grain, sor-

tant du crible, tombe dans le ventila-
teur, qui chasse la poussière et toutes
les parties légères, comme la paille,
les balles, etc. Le grain, ainsi nettoyé,
tombe dans une trémie, pour de là
être descendu sur les meules placées
au-dessous.

Je ne vous parlerai pas des tarares
plus compliqués qui appartiennent aux
grandes usines. Celui d'Alexandre Torcheux appartenait à l'espèce que je
vous ai décrite. Malheureusement,
quoique ce tarare laissât peu de chose
à désirer sous le rapport de l'effet
produit, il était loin de satisfaire l'œil
par le fini de la forme ; aussi n'a-t-il

obtenu qu'une mention honorable et une faible indemnité.

Au milieu de ce travail incessant de l'esprit et du corps, notre aveugle trouve encore le temps de se livrer à d'agréables délassements. Il joue du violon et du flageolet ; il est devenu musicien comme meunier, par instinct et patience ; il met une pièce au besoin à l'un de ses instruments, et un corps à l'autre, de même qu'à son moulin ; la réparation n'est pas parfaite sans doute, et la pièce parfois choquera la vue par la différence de sa couleur avec le reste : mais qu'importe au pauvre artiste?

il n'en trouve pas moins un heureux
passe-temps dans les sons plus ou
moins harmonieux qu'il tire de ses
deux instruments. Ses premiers maîtres de musique ont été les oiseaux
qui gazouillaient sous la feuillée ; le
rossignol gémissant dans les aunaies
du voisinage ; la fauvette, le pinson,
le merle, le loriot, lui ont tour à
tour enseigné des accents plaintifs
ou joyeux, vifs ou languissants, toujours variés quoique toujours les
mêmes. Puis il a imité sur son violon
les airs des chansons rustiques que
chantent les villageois en revenant de
leurs travaux, puis les chants plus

graves des hymnes de l'Église. Souvent même il improvise, et alors on
est tout étonné d'entendre sortir de
l'un ou de l'autre de ses instruments
des airs qui peut-être blessent les règles de la composition musicale, mais
qui ne laissent pas que d'avoir un
charme particulier, et qui jettent parfois dans une douce rêverie, quand on
pense à l'artiste qui les produit. Nul
doute que s'il eût reçu des leçons de
maîtres habiles, comme en ont reçu
les aveugles que vous citiez tout à
l'heure, Alexandre Torcheux ne fût
aussi devenu un artiste distingué. Ce
qui prouve qu'il est animé du feu de

l'inspiration, c'est cette réponse qu'il fit à quelqu'un qui lui demandait où il avait appris ces airs originaux, bizarres et parfois charmants, qu'il faisait de temps en temps entendre sur son violon ou sur son flageolet : « Nulle part, dit-il ; j'entends au dedans de moi des voix qui chantent, et je tâche de reproduire ces sortes de concerts qui se passent dans ma pensée ; mais j'ai beau faire, je ne puis y réussir. » Je ne sais si je me trompe, mais il me semble que c'est là un des signes caractéristiques du génie.

Alexandre Torcheux a encore d'au-

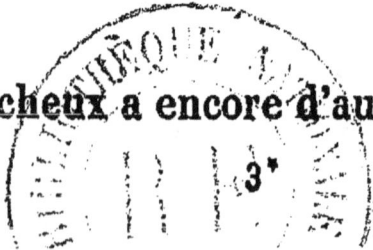

tres jouissances que celles d'artiste ;
quoique vivant habituellement dans
la solitude, il n'est pas pour cela en-
nemi de la société ; ainsi il éprouve
un grand plaisir à recevoir des vi-
sites, surtout des personnes in-
struites qui peuvent lui donner d'uti-
les conseils. Aussitôt qu'un étranger
vient frapper à sa porte, elle s'ouvre,
ou, pour mieux dire, elle est toujours ouverte. Le meunier s'empresse
alors de montrer et d'expliquer son
moulin avec la même satisfaction
et un plus légitime orgueil de son
œuvre et de son savoir-faire, qu'un
grand et riche industriel montrant

son usine et sa fabrique à des visi-
teurs.

Si Alexandre Torcheux ne se présentait à nous que comme un habile
mécanicien, qui pour réussir a su
vaincre les obstacles que lui opposait
son infirmité, il mériterait déjà notre
admiration; mais à ce talent il joint
des vertus non moins remarquables,
qui attirent la sympathie et le respect.
Dès son enfance, et aussitôt que sa raison a été assez formée pour qu'il pût
entendre parler de Dieu et de ses com-
mandements, il a été pénétré d'un profond sentiment religieux; il a accepté
aussitôt avec résignation, avec cou-

rage, je dirai même avec gaieté l'infirmité dont Dieu l'avait affligé ; il ne lui
est pas venu dans la pensée, — quoique
plusieurs personnes, même de ses pro-
ches parents, lui eussent souvent ré-
pété qu'il n'aurait pas d'autres ressources pour vivre que la mendicité,
— il ne lui est pas venu dans la
pensée, dis-je, de se servir de son infirmité pour vivre dans l'oisiveté, et
attendre ses ressources de l'aumône.
« J'ai de bons bras, s'est-il dit, un
corps solide, et je ne dois pas me
soustraire à la loi du travail que Dieu
a imposée à l'homme. » Et, pénétré
de cette pensée, il s'est créé de ses

mains non un passe-temps, mais un honorable gagne-pain. Une pareille résolution, courageusement exécutée, était nécessairement le fait d'un honnête homme, d'un homme vertueux, en un mot, d'un bon chrétien. Aussi les voisins se sont dit : « Les meuniers, en général, passent pour être un peu fripons; l'aveugle doit donner un démenti au vieux proverbe; essayons. » Ils essayèrent et s'en trouvèrent bien; il leur rendait consciencieusement farine et son en proportion exacte du poids du blé qu'il avait reçu, se contentant du faible salaire convenu pour sa peine. Il résulta de là que les pratiques ne tardèrent pas à se multiplier, et qu'aujourd'hui jamais l'ouvrage ne manque au moulin de l'aveugle.

## IV

Quand l'abbé Matthieu eut terminé son récit, chacun convint que l'histoire de son meunier était la plus curieuse de celles qui nous avaient été contées sur l'intelligence de certains aveugles. Là-dessus la conversation devint générale, et l'on se lança dans des discussions philosophiques et psychologiques sur la nature des sens, sur leurs organes, et sur les effets que devait produire sur l'intelligence humaine la privation d'un ou de plusieurs sens. Je n'ai pas, comme on le pense bien, l'intention de reproduire ici ces discussions, qui formeraient à elles seules la matière de plusieurs gros volumes de philosophie; seulement j'en ferai connaître la conclusion, parce qu'elle est simple, claire, et qu'elle réfute victorieusement une des assertions des philosophes matérialistes du siècle dernier, Locke, Condillac, Voltaire, etc.

Ces philosophes regardent les sens comme fournissant les matériaux exclusifs et nécessaires des actes intellectuels et moraux ; de sorte, selon eux, que toutes les idées viennent des sens.

Or les faits sont contraires à cette doctrine ; si elle était vraie, en effet, la sphère morale et intellectuelle dans les diverses espèces animales, et dans les divers hommes, devrait être en raison du nombre et de la perfection des sens ; et cela n'est pas. Beaucoup d'animaux ont le même nombre de sens que l'homme ; souvent chez eux ces sens sont plus parfaits ; et cependant chez aucun l'intelligence n'est aussi grande. Si l'on dit qu'aucun animal n'a à la fois les cinq sens aussi parfaits

qu'ils sont chez l'homme, mais que
chez eux toujours en même temps
qu'un sens est très-exquis un autre
est obtus, nous répondrons qu'il en
est ainsi de l'homme ; son odorat, par
exemple, est loin d'égaler son toucher.
Nous demanderons pourquoi au moins
chaque animal n'a pas perfectionné
l'acte intellectuel qui semble se rap-
porter le plus au sens qui domine en
lui : pourquoi la peinture n'a pas été
cultivée par celui qui a la vue la plus
délicate ; la musique par celui qui a
l'ouïe la plus fine, les arts mécaniques
par ceux qui sont doués d'un organe
de toucher parfait. La nullité, ou le

peu de puissance des animaux sous tous ces rapports, prouvent, selon nous, que toutes ces facultés et l'intelligence en général ne dépendent en rien de l'état des sens. D'ailleurs pourquoi les animaux, avec des sens qui sont au fond les mêmes, et qui ne diffèrent que par le plus ou le moins de puissance, ont-ils des instincts si divers? Enfin, pour nous en tenir à l'homme, les idiots n'ont-ils pas souvent les sens excellents? et, au contraire, que de génies peuvent avoir les sens obtus!

Les sens ne sont donc que des instruments secondaires, nécessaires

sans doute à l'accomplissement de
quelques-unes des facultés de l'esprit,
mais qui n'en déterminent nullement
la puissance.

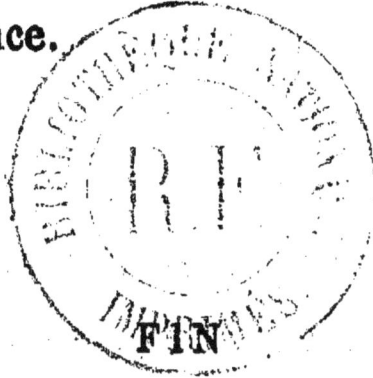

FIN

www.ingramcontent.com/pod-product-compliance
Lightning Source LLC
Chambersburg PA
CBHW060632100426
42744CB00008B/1599